JN411302

눈물나게 그리우면 기도하지

김은경 시집

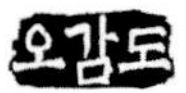

눈물나게 그리우면 기도하지

지은이 • 김은경

펴낸이 • 강옥현

주　간 • 양재일

발행처 • 도서출판 오감도

초판인쇄 • 2020년 10월 17일

초판발행 • 2020년 10월 19일

전화 070-7778-2591 010-3206-2591

팩스 (031) 775-0161

출판 등록일 • 일제 10-1651(98. 10. 15)

서울시 중구 을지로3가 268 유일빌딩 604호

ISBN 978-89-5698-387-5 03810

값 10,000원

* 이 사업은 대전광역시, (재)대전문화재단 에서

사업비 일부를 지원받았습니다.

머리글

나의 세포를 채워준 산소, 물, 꽃, 바람,
항상 배경이 되어준 해, 달, 별, 하늘,
나를 담아준 시간과 향기들,
바라보아준 따뜻한 시선과 미소,
나의 그리움이 되어준 만남과 순간들,
사진 속에 정지된 모든 풍경들
머리를 스쳐 지나간 생각들까지
꿈속 이야기들까지
모두가 모여 나이게 하고
나라고 불리던 이름들,
아가, 은경, 언니야, 문학소녀, 안경, 딸내미, 울보, 아가씨, 해바라기, Grace, 시인, 썬파워, 성가대원, EK, 자기, 엄마, 며느리, 올케, 시누, 선생님, 성도, 언니, 동생, 선배, 후배, 집사님, 차장님, 늦깎이 대학원생,

하나하나 참 사랑합니다

소망 가운데 영원한 나라의 상속자가 되게 하신*
주님 참 사랑합니다
'사랑하면 돼요'
기도와 헌신으로 천국 가는 길 몸소 보이신
박정례 장로님 참 사랑합니다
다독이며 허다한 부족함을 덮어주는
가족들 참 사랑합니다
노래 불러주며 같은 길 가는
형제들, 친구들 참 사랑합니다

사랑할 것이 많아서
눈물 나게 행복함을
이 작은 시집으로 고백해 봅니다

* 내가 깨어보니 내 잠이 달았더라(렘31:26)

1부

꽃 되라

2부

돌에 새긴 꽃

3부

행복나무

4부

동행

5부

칸타빌레

6부

눈물나게 그리우면 기도하지

7부

그곳에 가면

8부

영어로 보는 우리 시

1부

꽃 되라

진달래

바람을 바란다
하늘 먼 데서 불어오는 것이 아닌
가슴 깊은 데서 돌아 나오는 바람
뜨겁다
흔들리는 생명
잠재울 수 없는 그리움
눈앞을 막아서는 너
온통 산불로 탄다
불이 번져
나도 탄다

살고 싶다

내 안에
바람이 분다

매화마름

속이 비어 가벼운 대롱 끝에
무슨 그리움이 저리도 피었을까
마디마디 축축한 땅에 몸을 낮추고
무슨 사연 저리 엮어냈을까
흔한 이야기라도
각인에게는 늘 새로운 사랑처럼
들판의 풀꽃이어도
내게는 드물고 반가운 손님

반가워라
네가 피면 내게도 봄이 오더라

얼레지

잎잎에 덮인 눈을
이불인 양 제치고
오롯이 앉은 분홍빛 얼굴
뾰족한 톱니 모양 고개 숙인 채
이슬로 반짝이는 수줍음
감출 수 없이 보드라운 속살
고요한 나의 일상에
동요를 일으키는 오래된 사진

그렇게도 무심히 책 속에 끼워둔
선명한 기억, 짧은 희열,

어린 날 그 아슴한 신열
얼레지 너를 또 만나다

목련

소담한 봄 구름을 빨아들인 대롱이
방울방울 불어낸 목련꽃 아래
아이들이 자연관찰 숙제
올챙이 그릇을 들고 섰다

눈만 댕그란 올챙이 같은
새까만 머리들이
올망졸망 무슨 얘기꽃을 피우는지 궁금해
볼록한 얼굴 들이밀다 떨어진 목련은
아차, 피아노, 나는 속셈학원
흩어지는 아이들이 야속하다

아이들처럼 빨리 지나버리는 봄이
너무 야속하다

해바라기 정원

너의 뒤로 햇살이 눈부셔
제대로 바라볼 수 없는데
크고 작은 해바라기들이
수런거리는 속에서
너는 환하게 웃고 있다
하늘거리는 머릿결 때문에 살짝 어지럼증

그동안 고마웠다고 내미는 손을
잡을 수 없는 마음
사랑을 외칠 짧은 기회가
이렇게 지나가버리는 것이다
눈물 대신 기침,
숨이 가빠온다
해바라기들도 어깨를 들썩이고
강렬한 목마름

걱정하는 네 눈을 피해
웅크려 앉은 내 마음은
감전된 듯 저려온다
좁힐 수 없는 한 뼘의 세상은
아득히 먼 지평선
언제나 너는 아주 가까이
그렇게 멀리 서 있다

해바라기들이 머쓱해 고개를 돌리는데
무슨 일인지 알아채지 못한 채
너는 여전히 아름답고
정지화면처럼 나만 노랗게 외롭다

하늘도 나도 정원도
온통 노랗다

더 이상 갈 수 없어, 벚꽃 지다

어색한 침묵의 시간만큼
다가갈 수 없는 거리만큼
목소리는 떨리고 있다
멀어지면서 더 빛이 되는 너
안간힘을 써서 부르는 이름은
차마 소리가 되어 가지 못하고
구르는 바람에 꽃잎처럼 쓸려간다
다시 꼭 오자 했던 벚꽃길
너도 나도 약속을 지켰건만
야속하게도
혼자
길어진 그림자

집어든 카메라 속에는
허공을 디디며 하강하는 꽃잎들
하늘거리는 너의 치마 끝자락

그렇게
내 맘속에
지는 벚꽃잎처럼
너는 차곡차곡 내려쌓인다

흙으로 지어진 우리는
슬픔이 기쁨보다
더 쉽게 스며든다

라일락 그늘 아래

라일락이 피어 4월은 아름다워
소녀의 혼잣말,
내 맘에 있던 그 말에
깜짝 놀라 눈을 떼지 못했다
라일락을 지나온 바람이 머리카락을 쓸어내릴 때
달콤한 향기가 번져 나와
그만 사랑에 빠지고 말았다
향기는 소녀를 맴돌고
그녀는 꽃을 보았고
그대로 시가 되었고
시는 향기로웠다

세월이 가도 내 마음 한 구석
바람이 불지 않아도 늘 흩날리는 꽃잎 속에
소녀와 시와 향기
그날처럼 찬란하다

느낌표

음식으로 치면
너는 슴슴하고 난 좀 간이 세고
성격으로 보면
넌 참 담백하고 난 좀 다채롭고
태도로 보면
넌 다정하고 난 천연하지
급한 일에도 겅중겅중 뛰어가는 너를 보면
굴러가는 나는 웃음이 나지
외모를 보면 넌 기름하고 난 작달막
별로 보면 넌 은하수 난 샛별

그래서 나는 너의 반듯함을 받치는
작은 동그라미가 되기로 했어

선생님

점 하나만 찍어봐
그래, 너만의 점이구나
그럼, 점 두 개는 어때
우와, 서로가 다르구나
다른 점은 어떨까
세상에, 색깔을 넣다니
점들로 가득하구나
어쩜, 별이 가득한 하늘이야
아이는 어느새
모래 가득한 해변도 그리고
사람 가득한 시장도 그리고
쌀알 가득한 밥그릇도 그리고
사랑 가득한 마음도 그리고
그리고
그리고
그리다가
참 좋은 선생님이 됩니다

간병

낮게 부르셔도
천둥같이 들립니다
가만히 웃으셔도
온 세상이 따라 웃습니다
세 살배기 딸 허름한 옷에
눈물이 났다던 일기장
그 눈물이 이제 내게도 있는 걸
아시는 아버지

머리카락이 다 빠져도 우습지 않습니다
얼굴이 퉁퉁 부어도 흉하지 않습니다

휘청거리며 기대시며
'힘들지?' 하시는데
'아버지가 저의 힘인 걸요'
헐렁해진 옷을 단단히 묶어 드립니다

놀이터에서 1

—그네

그네를 탄다
공놀이 하는 아이들
두꺼비집 만드는 아이들
새까만 얼굴들이 왔다 갔다 한다
머리를 뒤로 젖힌다
하늘도 멀어졌다 다시 가까워지고
땅도 울렁울렁하는데
머리카락 끝으로 바람이 들어와 나를 흔든다
어지러운 사이
거짓으로 달고 다니던
여분의 표정들이
후드득 떨어져 내린다
내 안의 아이가 웃는다

작은 공원의 그네를 타면
아이로 돌아가는 시간의 문이 열린다

놀이터에서 2

—시소

시소를 탑니다
기쁠 땐 기쁨으로
슬플 땐 슬픔으로
시소가 흔들리면
나는 오히려 흔들리지 않아
생각에 몰두하게 됩니다
시소는 양팔저울
두 팔을 저으면서 일러줍니다
눈물만큼만 웃으면 족한 것이라고
맞은편에서 나를 부르는 당신도
가끔은 눈물이었습니다

시소를 타는 건
서로의 무게를 조절하는 순간이어서
그게 참 좋습니다

바다 가득한 그리움

바다에 오니 그리움만 출렁입니다
목숨은 질겨서 모진 풍랑도 이겨냈지만
가야 할 길은 끝이 보이지 않습니다

발밑의 미끄러운 바위들은
저마다 눈 하나씩을 달고
화가 난 듯한 표정입니다

물살에 씻겨 내리는 것들은
얼기설기 얽힌 미역 줄기만이 아니라
삶의 미련이라고 파도가 말해 줍니다

바다는 삶으로 충만하고
또 죽음으로 충만하지만
바다와 하늘이 만나는 저 끝에는 평안이 있습니다

서해

온종일 도망가는
바다를 쫓다
하늘 가득 사랑이 번지는
푸른 여름

피아노 독주회

흰 손가락들이 이끄는 오솔길은
지금 라일락꽃의 향연
그 속삭임은 온통 숲을 메우며
떠도는 바람의 메아리

입김은 시선을 덮으며 막아서는
하얀 새벽안개
파득거리며 날아오른 엷은 옷자락은
젊은 해오라기의 날갯짓

너를 따라 비상한 나의 노래는
산언저리 하늘에 번지는 붉은 해
그 빛 떨어지는 곳마다
어깨를 펴고 기지개 켜는
반가운 풍경들

2부

돌에 새긴 꽃

마음의 할례

한마디 한마디
깊이 새기기 시작한 지 4년 9개월
미련하지 않고 울지 않고
후회하지 않고 물러서지 않고
맘을 낮추고 비겁하지 않은 지
이제 57월령입니다
가시기 전에 경청해야 했지만
이제라도 깊이 사랑하기로 합니다
월령은 어리지만
조금씩 그대의 사람이 되어가는 나
아주 조금씩 나를 용서하기로 합니다
십자가로 인해 마음이 아픈 것이
마음의 할례라 하셨죠
마음이 칼에 베인 듯하니
당신의 말씀이 십자가입니다

소중한 말

시인이다
시인이 왔다
내 맘에 남기신 꽃 같은 말은
하얀 종이에 흰 글씨 같아
잘 보이지 않았지만
그대 가고 없는 시간을 살아내는
까맣게 타들어가는 내 맘 비碑에
다시 하얗게 써지고 있다

아프게 선명하다

만월

보름달 환히 길 밝히기에 선뜻 따라나섰다
그 빛이 항상 있을 줄 알았기에
캄캄함이 임한 후에는
상실감과 절망으로 몸부림쳤다
한순간
믿을 수 없을 만치 환하게
다시 보름달이 비추고 있다
어두운 곳마다 간절함이 차올라
보름달이 된 것,
맘속에 떠 있어 눈감아도 보이는 빛은
더 이상 이울지 않는다

고스란히 받아 간직한
영원의 빛,
바라보는 나조차 빛나게 한다

둠벙

반짝이는 햇살 가득한 물을 끼얹어
목마른 식물들 달래주고
물자라 등딱지 가득 붙은 알에서
막 깨어나는 어린것들 보듬어주는 유모
꼬물거리는 애벌레들에게
넉넉한 먹이 제공,
물잠옥 살랑살랑
머리에 이고
마르지 않는 생명력으로
반딧불이 꽁지에 불을 붙이는,

여름밤 둠벙에서 하나 되는
별빛과
반딧불이와
젊은 우리들

너의 언어를 배우다

—사랑아, 내 곁에 있어 다오

가슴이 시리다는
말의 질감
눈물이 하염없이 흐른다는
말의 축축함
목이 빠지도록 기다린다는
말의 길이
애간장이 녹는다는
말의 아픔
나보다 더 누군가가 소중하다는
말의 무게
세월이 가도 잊히지 않는다는
말의 선명함
내게는 너뿐이라는
말의 달콤함

너로 인해 나는 배웠다 사랑이라는 진부한 말이 어떤 속도감으로 심장을 파고드는지, '좋다'라는 단순한 말이 어떤 포근함으로 세상을 덮는지, '보고 싶다'는 말 한마디에 해가 뜨고 지고 구름이 몰려오고 가고 천둥, 번개가 치고 비가 내리고 그치고 마침내 무지개가 피었다 지고 꽃잎같이 떨어져 내리는 계절들… 이제야 배우기 시작했는데 너의 말을 경청할수록 너는 점점 말이 없어진다 조금만 크게 말해다오

한마디만 더 해다오
나는 아직 배움에 목마르다

세 개의 하늘

앞서 걸어가는 사람의 뒷모습
당신인가 하여 좇아가다
문득 하늘을 본다
검은 공간에서 뒤척이다 잠들지 못한
눈물들이 왈칵 쏟아진다

하늘에 뚫린 구멍
안에 또 하늘이 있다
발자국도 남기지 않고 들어가 본다
거기는 비가 오지 않는다
바람이 머리카락을 날린다

그 하늘 안에 다시 하늘이 있다
그곳은 바람조차 일지 않고
맑은 대낮이다

여전히

　걸어가는

　　뒷모습

　　　하나

너무 멀리 온 것 같아

세 개의 하늘에서 눈을 돌린다

비가 내리꽂히는

공간 밖에서

나를 내려다볼 수는 없는 노릇이다

흠뻑 젖어버린 옷자락 사이

나도 비가 되어 흘러내린다

가을 눈꽃

아직 끝이 마르지 않은
낙엽이 쓸리며 누운 거리
하얗게 눈이 흩날리고
고개를 들어 올려보면
방울방울 눈물 맺히다

부드러움이 남은 채
차갑게 누운 너의 위로
국화꽃 눈송이처럼 내려질 때
떨리는 손등으로
투두둑 눈물 떨구다

너를 데려간 하늘이 투명하여
환한 미소 잊히지 않고
그리움 하얗게 눈꽃이 되면
성급한 첫눈이 데려온
안식할 겨울이 반갑다

그대 평온함을 믿음으로
지금은 평안,
마지막 장미 한 송이
가을 눈꽃 속에 붉다

성령의 전

갈라진 성터의 빈자리는 왕의 임재, 그때를 그리며 새벽을 비켜 서 있고 성벽을 둘러싼 담장이는 수런거리며 혼자의 노동을 응원한다 꿈을 꾸면 새가 되어 오르고 다시 피곤한 날개를 접어 안식하는 성문, 밤이 깊어 달도 기우는 때까지 성문 앞 돌계단을 놓는다 오를 수 있는 가장 높은 곳에서

밤이 새도록 쌓는 순종의 다짐, 돌 틈 사이로 떨어지는 땀방울 수 없이 들꽃으로 피어난다

깨알같이 촘촘한 고백들
사랑합니다
사모합니다
기다립니다
속삭이는 새벽의 눈물은
아물지 못한 모든 상처를 소독한다

마음 성전

—박정례 장로님을 기리며

소담하게 놓인 보리밥 저 한 그릇에
곧 배가 부를 게다
투명한 창에 햇살 들 듯 마음에 기도 가득한데
여린 상추 뚝뚝 뜯어내는 언니,
'참 이리도 때맞춰 왔누,
네 형부 안 와서 점심이 남았구나'

기도는 가벼이 떠 하늘로 오르고
감사는 무거워져 경배하는 가슴
마음 기댈 곳 없어도 오늘은 기쁜 성찬의 기도

들린다, 언니, 천사의 찬송소리
'내 주여 내 발 붙드사 그곳에 서게 하소서'
상추야 좀 시들면 어때
머리 둘 곳 없었던 주님이
지금은 내 가슴에 쉬고 계셔

햇살 가득한 공원에서

별 무리로 피어난 싱아들이
아침 이슬에 싱그러운 때에
떠오르는 햇살 받으며
당신의 팔을 끼고
걸음걸음 세며 걷습니다

눈처럼 날리는 꽃잎 사이로
휘파람새, 박새가 날고
크림같이 부드러운 대화
꿈을 꾸듯 미소 띤 얼굴엔 홍조가 있어
구름 위를 걷는 듯 황홀한 시간

작은 공원길의 각도와
바닥의 작은 돌멩이와
맴도는 바람과 길가의 풀들
나무 그늘에 웅크린 고양이 한 마리도
빈틈없이 빛나는 무대장치였습니다

가벼이 내딛는 산보였지만
가슴이 그토록 뛰던 나도
푸른 하늘같은 당신조차도
아무도 몰랐지만
그 시간은
당신의 대관식이었습니다
이후로도 영원히
내 마음의 보좌에 오르시는

소천

인생은 여행길, 본향을 찾는 짧은 길이라고
꽃같이 단풍같이 아름다우라
홍시같이 물같이 부드러우라
가만히 말씀하시고 앞서가시는 장로님*
당신을 따라가는 길 위에
하늘에서 떨어지는 만나
눈송이 같습니다
언 땅에 민들레로 돋아나는 생명
가시는 길을 배웅합니다

두고 가시는 마음이야 목멘 기도뿐이지만
애달픈 눈물이 낸 물길로
많은 물소리가 들려옵니다

* 한 알의 밀알로 살다 가신 박정례 장로님을 사랑합니다.

사명

이 땅에 보내시며
내게 주신 숙제
시간은 다 되어 가는데
윤곽도 못 그려서 초조하다

일어나라

오직 한 말씀만 하십시오

흩어진 가루뿐이어도 모이겠습니다
메마른 뼈들 짜 맞추고 일어서겠습니다
힘줄, 살 붙여 핏줄까지 돌겠습니다
뭉쳐서 돌진하며 군대가 되겠습니다
다시 부서지고 흩어지는 가루가 될 때까지
당신만 위해 움직이겠습니다

한 말씀만 해 주십시오

자화상

내가 나를 그립니다
눈 하나
귀 하나
팔 하나
다리 하나
내 그림은 늘 반쪽입니다

당신이라는 거울을 통해서
하나가 되고 싶은 까닭입니다

너는 피아노다

내리누르는 고난의 무게에 신음 한 소절
단풍잎 하나 떨어지며 경쾌함 한 소절
그 잎 풍랑에 휩쓸리어 절규하는 기도 한 소절
오래 드리는 감사기도에
햇살에 말라버린 상추 한 소절
천상의 노래를 따라 부르니
천사의 하모니 한 소절
어디서 오는지 모르는 성령의 바람에
'나보다 행복한 이 나와 보라' 고백 한 소절
한 음 한 음 다 다르지만
영혼을 울리는 노래가 되시다

별명 많은 장로님
피아노라 하시다

3부

행복나무

행복나무

저 수많은 나뭇잎들은
모두가 다른 체험을 한다
바람의 방향도
햇빛도
어깨선을 타고
빗물이 떨어지는 모양도
제각각이어서
그 비치는 그림자도 다를 수밖에

햇빛이 풍요롭다고
언제나 축복된 것은 아니었다
어느 날 거센 바람에
그만 먼저 떨어질 수도
뜨거운 뙤약볕에
너무 목마를 수도 있으니
각각 주어진 자리에서

올라오는 수액의 자비 안에서
감사하며 묵묵히 살아갈 뿐이다

그 나무 아래 서서
잠시 생각에 잠기는 나그네들은
모두 다른 꿈을 꾼다
나뭇잎과 눈이 마주치는 순간
각기 다른 표정을 읽기 때문,
모든 나뭇잎이 다 행복해 보이는 것은
이야기는 달라도
감사는 동일하기 때문!

가는 길이 머니
우리 저기 나무 아래
잠시 쉬었다 가자

구름에 잡히다

하늘 높이 떠 있던 미세방울들
미끈하고 촉촉함으로 내게로 온다
부서지지 않고 내게 붙는다
머리에 이마에 어깨에

이슬방울이 떨어져 내리며
작은 이파리를 가볍게 흔들 듯
떨어지는 방울들은 나를 흔든다
눈물이 맺힌 것도 아닌데
빛이 어리는 방울들
나를 둘러싸고 밀어 올린다

신기하다 날개도 없는데
어느새 하늘에 떠 있다
이렇게 구름이 되는구나
빛이 가까워진 하늘 속은
생각보다 아늑하다

어느 날 또 몸이 떠오르면
선뜻 올라갈 수 있겠다
나를 가득 채운 구름 속
무지개 눈부시다

시인의 친구

머리에 뾰루지가 났다
건드리면 아팠다
약을 뿌려주면서 너는 그게 시라 했다
길이 헷갈려서 묻고 또 물었다
너는 길을 가르쳐 주면서
내가 시인이라 그렇다 했다
뜬금없는 말에 나는 화를 냈고
너는 꽃잎 하나를 따서 내 입에 넣어 주었다
쌉싸름했다

마음에 돋아나오던 시 하나가
이제는 건드려도 아프지 않다
자꾸 시 얘기를 하는
너 때문인 듯하다
몸 구석구석,
아프기도 하고 안 아프기도 한
뭔가 자꾸 돋아 나오고 있다

아침 동그라미

연하게 부드럽게
수없이 많은 원을 그리고
하나의 분명한 선을 이어
동그라미를 그린다
아침이 하는 일이다
아주 동그래진 작은 원이 품는
빛과 그늘
거기 비친 나뭇잎과 하늘
작은 바람의 진동에도
파르르 떨리는 섬세함까지
들판 가득한 풀잎 끝에
대롱대롱 달린 우주들

그려도 그려도 끝이 없다
참 바쁜 아침이다

행복 여름

하얀 꽃들이 몽실몽실 떠다니는
대형 스크린 아래로
뜨거운 햇빛을 가려주는 아름드리 기둥
반짝이는 차양막을 받치고
최고의 솜씨로 직조된
천연향의 까슬까슬한 잔디카펫
상기된 얼굴을 어루만지는
부드러운 자연의 위로
너의 무릎을 베개하고 누운
나른한 오후의 졸음
찌푸린 눈으로 올려다보면
햇빛에 부서지는 명랑한 웃음소리
너의 눈부신 실루엣

여기 참 좋다

로망스다리

꽃이 빛처럼
마치 너처럼
내게로 떨어져 내려

가득한 슬픔의 강 위에

첫눈

바람이 흩어버려도
파드락
날아드는 눈

눈은 잡히지 않는다
마치 너처럼

입구를 막아버린
깊은 동굴에
한사코 흘러들어와
작은 못이 되어주던 네 눈물
오늘은
얼어붙은 하늘에 올라
내게로 오는 눈이 되었구나

누군가 뺏어갈까
소리 내어 부르지 못하고

속으로 네 이름 되뇌는데
너의 간 길로
무작정 떠나는 내게

바람이 흩어도 흩어도
사르륵
녹아드는 눈

가슴으로 파고든다
마치 너처럼

눈사람

차갑고 뾰족한 눈은
소녀의 따스한 손에서
부서지고 녹아
점점 둥글게 뭉쳐졌다
하얀 손이 빨개지도록
소녀는 꽁꽁 뭉치고 뭉쳐
점점 더 큰 덩어리가 되어가고
눈코입 손발 어느새
눈사람 하나가 되었다
소녀가 그를 안아 올리고
소녀 방 창틀에 가만 올려놓기까지
아무 일도 일어나지 않았다
다만, 소녀의 환한 웃음이
눈사람의 새 눈을 통해
그에게 들어오기 전까지는

아아, 그 웃음이 들어오는 순간
눈사람의 심장은 뛰기 시작했고
그는 그것이 자신을 녹이는 불임을
직감했다

그 심장의 온기에 입술이 풀리기 전에
새벽이 차마 오기도 전에
녹아져 갈 것임을

소녀야, 제발 웃지 마라
그렇게도 환한 웃음,
내겐 불이구나

꽃처럼 자꾸 웃음이

생의 가장 화려한 순간에
아차, 그만 뿌리가 잘렸어도
꽃은 제 삶이 끝났다고 생각지 않아요
안간힘을 써서 물을 빨아들여도
얼마 남지 않은 생이지만
누군가의 위로가 될
제 삶의 이유를 실천할 때가 온 것뿐이니까
누군가 아픈 병상에 미소가 되어주고
때로 기쁨의 순간을 장식해주거나
어쩌다 사랑의 고백이 되어도 줄
영예로운 순간을 기다리며

당신을 위해 뛰는 가슴을 누르며
꽃을 사러 가는데
길가 덩굴장미
백일홍 조팝꽃 개망초꽃들이
날 보고 키득키득 웃습니다

길가에 핀 꽃을 보며 걸으면
나도 잠시 흔들흔들
환한 꽃이 된 듯합니다
자꾸 웃음이 나서요
웃음이 헤프면 안 된다는데
들꽃 때문에
자꾸 웃음이 나서요

시는 길에, 마음에 스미는 온기

시가 무엇일까, 은비야
버스를 멎게 하는 횡단보도 초록불일까
비닐봉지 꽁무니를 따라다니는 바람일까
가지 끝에 달랑 매달린 연시를 찾아온 까치들일까
한 걸음씩 올라가면 어느새 와 있는 우리 집일까
잠결에 배시시 웃는 미소가 아닐까

시가 무엇일까, 은우야
남산까지 걸어 다니는 아빠의 흔들리는 어깨일까
십 년 만에 마주친 친구의 얼굴일까
잊어버렸는데 다시 떠오른 좋은 말씀일까
손 안에 쏙 들어오는 핸드폰일까
시를 설명해주다 그만 행복해진 내가 아닐까

앨범 정리

기울어진 방 안에 있는
바로 된 계단을 오르면
나의 편안한 균형감각과
착시된 시야의 사이에서
울컥 현기증을 느꼈다

모든 게 기울어진 내 삶 속에
늘 반듯하게만 놓여있는 너의 기억

가을 한낮

노란 잎 가득 떨어진 평상 위
얼굴 작은 고양이 한 마리
따스한 빛 속에 털을 다듬고 있다
햇살이 폴폴 일어나며
환하게 떨어진다
숨죽이던 별의 밤들을 지나
이제야 찾은 작은 안식이
초롱한 눈망울에 어려 있다
적적한 산장을 다 내어주마
아무 데도 가지 말고
거기 햇살 따스한 평상에서
그렇게 늘 놀다가렴

반가운 안도감이
높은 가지에
까치감으로 환하다

그루터기

–명옥헌림

애환이 드러나기에는
너무 오랜 생각에 잠긴 채
먹먹해도
바짝 마르지 못하는 가슴

거기 앉아도 돼요

산그늘 서늘한 바람이
발밑의 잎사귀를 건드리면
들릴 듯 말 듯 전해오는
옛 사람 옛 하늘 이야기

빛은 익숙한 그늘 사이에서
더 충만하고 환하다

아침운동

밤이 지쳐 자러 갈 즈음
자석에 쇳가루같이
한 움큼 햇살에
묻어 나온 우리들

느닷없이 하나 되어
빛 방울 튕기는
한바탕 아침 샤워

빈 가슴 같은 둥지 안은
가로수 지나
친밀한 바람은
상기된 얼굴들
닦아내는 수건

4부

동행

안전지대

그럴게요
여기 멈추라 하신
이곳에 머물게요
당신의 기도가 있는 이 시간을
늘 기억할게요

내 마음과 생각은
당신을 중심으로
빙빙 돕니다

말씀의 궤도를 벗어나지 않는
당신이라는 안전지대

사랑

−기적을 맛보다

맹렬히 타오르는 불 속에서도
털끝 하나 상하지 않고
살아나올 수 있었던 기적

달콤한 말이 아닌
기적을 부르는 능력으로
사랑을 기억합니다

해 질 무렵

당신이 보낸 시가 거리에 깔립니다
밟고 지나기에 너무 미안한 아름다움
잠깐 숨을 멈추듯 바람도 기다리는데
나는 망설임도 없이 저 길 끝까지 걸어갔다가
다시 또 돌아올 작정입니다

모퉁이를 돌아가면 사라져버릴 안타까운 해거름
차가운 단절의 저녁이 가지 끝으로 스며들고
늦은 가을 단풍잎들 수런대는데
속속들이 나를 채운 당신의 기억들을 두고
어디론가 가야 할 길 위에서
어디로 갈지 모르겠습니다
가볼 길은 아직도 많은데 해가 아주 지려 합니다

나를 길로 내모는 건
우연히 당신과 부딪치겠다는
부질없는 희망입니다

동행

깊은 어둠 속에서는
소리도 빛이 됩니다

앞서가는
당신 발소리
따르는 내 발소리

행여나 늦추지 마십시오
숨 가쁜 것은
아무것도 아니니까

걸음 잠시라도 멈추지 마십시오
나의 심장 뛰게 하는
그래서
살게 하는

모든 것을 견디며

어둠 속에서 기다린다
어둠 때문에
더욱 빛이 되는 그를

고뇌를 끌어안고 흐느낀다
양의 울음소리를 듣고 찾아온 그를

세상의 늪에서 빠져나와
세상보다 깊은 그의 깊이에 빠진다

가지를 흔드는 바람은 차가워도
뿌리를 붙드는 숨결은 뜨겁다

오늘 그의 것이 될 수만 있다면
나의 죽음은 절망에 이르지 않는다

은혜 1

잘못 찍은 점을
꽃으로 피우고
찍 그어둔 선을
나무가 되게 하듯
비뚤고 모난 돌을
원래 거기 있어야 하는 듯
너른 정원에 놓으시고
꽃이며 나무를 둘러주시다

나만의 화원이 되게 하시다

은혜 2

나서기에 너무 추하여 당신의 길을 막을 수 없습니다
속에 흐르는 피는 무서운 형벌이어서 무리 사이에 섞
여 당신을 그저 보낼 수도 없습니다 걸음걸음 지나실
자리 잠시 스치실 옷자락에 마지막 희망을 두고 기다
립니다 나도 모르게 손이 가 닿은 천상의 은혜 당신의
아름다움이 내게 들어옵니다 그것은 오래된 당신의
소원 살리시겠다는 비밀한 결심이어서 생명이 되어
내게 옵니다

누가 내 옷에 손을 대었느냐

접니다
옷자락으로 전해지는 은혜를 좇아
몸을 낮추고 소리 없이 울부짖는
당신의 딸입니다

은혜 3

멀리서 왔습니다
계곡을 거슬러 오릅니다
발밑의 바위들은 충혈된 큰 눈 하나씩을 달고
노려보고 있습니다
꼭대기를 돌아서는 길은 하늘로 이어지는 계단
경험하지 못한 침묵의 무게에 주저앉고 싶지만
발길을 재촉합니다
물을 거스르는 물고기처럼
위의 삶이 궁금합니다
한 계단 오를 때마다
비늘 같은 껍질들이 벗어져 떨어집니다
하늘과 가까워질수록
자꾸만 눈물이 납니다
순식간에 몸이 구름 속으로 흩어지고
나는 새 몸을 입습니다

여기는 아! 하늘입니다

은혜 4

말씀 속에서
손바닥만 한 구름 떠올라
가뭄을 이길 큰비로 내렸습니다

말씀 속에서
어둠을 뚫고 온 엷은 여명
밤을 치료하는 광선 떠올랐습니다

말씀 속에서
속삭이는 음성
너는 내 것이라
재창조되는 우주의 소리
내 안에 들렸습니다

은혜 5

맨발로 뛰어나갈
당신의 기척을
밤을 새워
가슴 졸이며 기다립니다
어느 핸가 뜨거운 바람 불어
내 속 불붙던 날
그날 같은 바람 몰고
내게로 오십시오
내 살아있음의 감사는
당신이 다시 오실 때 하겠습니다

응원의 소리

무더위에 잠을 깬다
뭔가 다 전해 듣지 못한
메시지가 있었던 듯*
아련한 꿈이 아쉽다
검푸른 하늘 끝에 걸려있는
눈이 시린 새벽
이제 그만 일어날까

귀 기울이면 들린다
시속 1,667km로 자전하며
시속 107,300km로 태양을 빙빙 도는 소리
재스민 봉오리가
티 내지 않고 깨어나는 소리
새벽 공기에서 배어나온 촉촉한 습기가
그 어린것을 어루만지는 소리

네 사랑의 고백이
나의 혈관을 타고 달리는
응원의 소리

어제도 어리석었지만
오늘도 답이 보이지 않지만
어느 아픈 마음에게
나도 저 작은 새들처럼
노래나 위로를 건넬 수 있을까
막아서는 돌이 있지만
낮은 데로 흘러가 보자고
그렇게 속삭여줄 수 있을까

* 날은 날에게 말하고 밤은 밤에게 지식을 전하니(시편 19:2)

하늘나라 지점

흘겨보는 사람들을 두고
현관문을 들어서면
들판의 바람처럼 와락 달려드는 평화
저녁 어스름에 아이들의 고소한 사랑이
마른 내 입술에 닿는다
가만히 안아 주는 당신
'결혼하고도 만나는 시간이 하루의 반도 안 되네'
온몸 가득 세우고 세상을 맞서던
고슴도치 바늘 같은 것들이
나의 등에서 떨어져 내리고
진한 포옹,
나는 또 한 번 사람이 된다
사람이 되어 사랑하는 또 하루가 간다

하늘나라는
하늘 사람들이 사는 곳

5부

칸타빌레

하늘공원

흔들리는 어깨를 앞에 두고
손을 내밀면 닿을 것 같은 거리
해바라기처럼 떨리는 나
너는 한가로이 돌아본다
노래하듯 즐거운 음성으로
이야기를 건넬 수 있을까
부드러운 바람처럼 너를 감싸 안을 수 있을까
아이처럼 장난기 어린 눈빛
너는 나의 축제!
젊은 우리들 사랑
누가 나보다 더 행복할까

조금만 더 다가서자고 힘을 내보는 순간
일제히 일어나는
갈대들의 기립박수

나무 아래 햇살이 그림 같아

잠시도 쉬지 않고 까딱까딱
햇빛을 받아내는 손들
누구라도 그 아래 앉으면
얼른 그늘이 되어 어루만진다
노래가 절로 나오지
'사랑일 뿐이야~'
다만 젊어서 뜨겁고 아픈 마음
너는 어느 나무 아래에 있을까
꽃잎은 어디서 날아오는 걸까
어서 너도 날아오렴
오월이 피워 올린 꽃잎들처럼

햇살 좋은 나무 아래
우리도 같이 그림이 되자

개울물

작은 다리 밑을 돌아나가는 맑은 물살이
얼마나 부드럽게
어린 돌들을 어루만지는지 보라
지나는 소리도
어른거리는 그림자도 없이
그저 잠시 스치는 순간을
한없이 투명하게 사랑하며
아쉬운 마음 달랜다
너를 두고 나는 그렇게
무심한 듯 흘러간다
잘그락 물에 한 번 몸 뒤집는
작은 너의 인사 귓전에 울리고

별

따스한 온기나
사는 정이 그리워서
별을 찾는 사람들

사람이
별입니다

칸타빌레

–갈대 속으로

지속적으로 움직이되 서두르지 않기
부드럽지만 약해지지 않기
맨살에 닿는 느낌, 그러나 달라붙지 말기
물의 고요 위에 앉은 잔물결같이
제 것인데 낯설어 보이기
갈대 위 산들바람처럼
간지럽지 않게 간지럼 태우기

해는 높아 하늘은 멀고
길은 멀어 산책은 끝나지 않아
이야기는 한없고 너는 해맑게 웃고 있다
마른 잎 내음 향긋한 혼돈

너는 언제나 칸타빌레

청평에서

울어도 괜찮아
안개 속이니까
젖어도 괜찮아
우리도 안개니까

물 한 잔

지구 세 바퀴 거리의 혈관 속을 돌아
땀 한 방울이 녹아 나와서
뜨거워지는 체온을 떨어뜨려준다

흔들리는 감정의 파도가
가슴 언저리의 고통의 독이 되지 않도록
호르몬이 자극하면 눈물 한 방울 돌아 나온다

나도 모르는 사이에
몸과 마음의 열을 식히는 장치를 켜둔
창조주의 호의에 감사하며

각박한 세상, 쉽게 열 받는 우리
물 한 잔 마시고 힘을 내고
메마르지 않기를 바래본다

겨울산

성긴 머리를 빗어 넘긴 겨울산은
하얀 떡가루를 뒤집어쓴
방앗간 할아버지

언 산이어도
바람은 얼지 않아서
밤새 찧어낸 흰 시루떡을
지붕마다 한 덩이씩 올려놓습니다

그리움이 치밀 때마다 뱉은 한숨들이
이제는 제법 구름이 되었습니다
슬그머니 이마에 걸터앉아 표정을 잡아주면
겨울산은 사람 좋게 빙그레 웃습니다

이름을 얻다*

고작 백 년을 사는 사람에게
천 년이나 이천 년이 무슨 차이가 있을까마는
동굴같이 갈라진 밑동에는 천 년 전의 바람이 불고
지혜자의 깊은 그늘 아래
어린 생명이 자라나온다
한켠의 죽음을 딛고
한켠에 꽃을 피우고 씨를 떨군다
모진 고난을 감내한 단단하고 기름진 삼나무들이
반짝이는 잎으로 손짓하며
순례자들에게 인사를 전한다

조금만 더 단단해지며
바람을 견뎌보라고
수묵화같이 담담히 살아가라고

* 야쿠시마 삼나무는 천 년이 지나야 야쿠스기가 된다.

백발

시간이 정지된 지 오랜
혼자만의 세상에도
흰 새가 날아들었다
검은 물속으로 비쳐드는
흰 그림자

돌아갈 때가 있음을 알리는
하얀 신호등

친구를 찾습니다

비가 조금만 와도
물이 불어 위험했습니다
매일 아침 건너던 징검다리가 잠기면
30분이나 가야 있는 다리까지 가는 대신
치마를 둥둥 걷고 양말과 신발을 들고
둑을 건너 다녔습니다
몸이 물에 뜬다는 사실이
그 순간엔 아득한 공포였습니다
발이 물살에 밀리는 길을
친구의 뒷모습이 주는 안도감을 따라
헤쳐 나갔습니다
비가 장대같이 꽂히는 날에는
상동교까지 빗속을 함께 뛰었습니다
아프고 장난스런 빗줄기조차
그 애를 따라 웃었습니다

사랑한다고 처음으로 말해준 정희,
다시 만나
함께 별을 보고 싶습니다

빈 의자

삭막한 도심 가운데 작은 공원이 있어요
갈 곳 없는 고양이들이
조그만 어둠 사이로 지나다니고
그걸 비춰주겠다고
달은 높은 가지 사이에 걸려있고
어울려 다니며 서로 위로받는 별들도 있어요
감출 수 없는 마음의 빛이 가득 나를 비춰주고
그대 작은 손을 잡으니 온몸이 따뜻해졌어요
공원에 찾아와 있던 봄이
내게로 들어오네요

당신이 웃으니
살아갈 이유를 찾은 것 같아요
항상 비어있던 여기
우리 잠깐 앉을까요?

남대문 꽃시장

지천에 널린 게 꽃인데
나는 한 송이도 갖지 못했습니다
물같이 쏟아져 나오는 사람들 속에서
나는 당신을 찾지 못했습니다

눈물이 자꾸 나
바닥이 질퍽합니다

양초

언제든 타오를 준비를 하고
어둠을 무서워하지 않았다
허물어지는 눈물
그것으로 버티고
일어서는 연습들

바람을 느끼는 네 몸짓에
세상도 마냥 흔들려 주었다

불을 당겨주기까지
너 혼자는 불붙지 못해서 좋았다
바라볼 때 아름다움보다
잊고 둘 때 위험한 불꽃이어서
나는 네가 좋았다

6부

눈물나게 그리우면 기도하지

가을의 기도

높은 곳에서
외로이 떠날 준비를 하고
아무것도 먹지 않은 낙엽은
바람을 타고 날을 만큼 가벼워졌다

열에 달뜬 얼굴로 작별을 고할 때
무에 그리 서두를 거 있나요
자주 찾는 영원의 샘가에
잠시 목이나 축이고 가시지요

간곡한 기도의 끝자락은
말이 되어 그의 아픔에게 갔다
눈물이 되어 그의 슬픔에게 갔다

그가 가냘픈 고개를 꺾기 전에
빛이 가볍게 그의 입 맞추었고
나는 보았다
그의 얼굴의 희미한 미소

격정과 고뇌로
붉으락푸르락하던 그는
색이 바랜 채 내 품에 안기며
마침내 웃었다

그의 평생을 통해
이처럼 아름다운 미소는 없었다
그는 산 자의 나라에
이른 것이 분명하다
그의 육신, 오늘
바스락 소리를 내며
부서질 뿐이어도

재회

신기해서 들여다봅니다
수초가 무수히 흔들리고 있습니다
간간이 푸른 꽃이 피어나
익숙한 골짝에
향기를 던지고 있습니다

별 몇몇이 까르르 웃으며 반짝이다가
그 눈 속으로 떨어집니다
별들은 호수의 물그림자 때문에
수만 개의 별 무리가 됩니다
눈을 감을 수 없을 정도로
가득한 밤하늘이 됩니다

소리도 없이 언제나처럼,
웅크리고 앉은 내 조그만 어깨가
그 별빛을 방해하며 밤하늘에 떠 있습니다

호수와 하늘과 내가
그 눈 속에서 하나가 되어
한 방울의 눈물로 떨어집니다

그 눈물 떨어진 뜨거운 커피를
단숨에 들이킵니다

갑자기 가슴이
불덩어리가 됩니다

시인과 바다

시가 한 방울의 눈물처럼
우리 마음을 적셔주기까지
하얗게 새우며 기다리는 밤

숯불이 꺼져가도
하나 둘 잠자리를 찾아 들어가도
너는, 나는
아무 말이 없다

파도가 밀려오고
쏴아아 또 밀려가고
모래 쓸리는 소리

'나 눈물이 나'

바다에 물 한 방울 보탠다

동주

만주 땅에 이름 석 자를 쓰고 덮은,
별마다 사랑하는 이들의 이름을 붙이고*
어머니, 어머니, 나라 같은 어머니를 부르던 그는,
이국 소녀들과 강아지, 토끼, 노루,
그리고 '프랑시스 잠' 같은
시인의 이름을 그리던 그는
별같이 많은 사람들이
자신의 친구가 될 것을 알았을까
밤이 깊을수록 삶이 서러울수록
먼 먼 별을 헤어보는 사람들
그가 부른 이름들을 다시 불러보는 우리들
가슴속에 자랑처럼 돋아나는
시인의 이름

* 윤동주 시인의 "별 헤는 밤"에서

수채화

붓끝에 묻은 약간의 물감 이리저리 섞어
수선화, 데이지, 제비꽃을 가득 피워내다가
약간의 물로 지워가며
미세한 결을 그리다
하늘 가득 푸른 얼룩을 휴지로 닦으니
구름 가득하다

물기 없는 붓을 눌러 구름 사이 세밀한 바람,
다시 내려와 꽃밭 가득 햇살을 가두다
수줍게 일렁이는 예당호 물도 그림 속에 잘박잘박
너의 그린 빛은 내 속눈썹에
꽃잎처럼 맺히다
화가의 시선이 따뜻하니
하늘거리는 꽃의 대결이 치열한 중에도
나는 부끄럽거나 부럽지 않다

바람 노래를 부른다

바다의 일상

무지갯빛 조개들과
꽃 같은 산호와 투명한 해파리들과
속에서 부대끼는 생명들의 찬가로
바다는 날마다 분주합니다
사랑할 것이, 사랑스러운 것이 많아서
바다는 매일매일 가슴이 커지고 있습니다

너무 많은 자신의 이야기들로
나를 기억해내지 못하면
바다는 미안한 표정으로
되레 내게 큰 소리를 칩니다

미안하고 할 말이 없을 때 그러던 당신처럼

쏴아아 쏴아아

징검다리 1

돌 하나를 놓고 한 발짝 나가면
다시 돌 하나를 놓는다
하나　둘　셋
물살이 갈라져 부드러운 능선을 이루면
더없이 투명한 물의 살결
발을 담그고 싶은 충동
아쉬움 때문일까
흘러가는 것은 다 아름답다

흐르는 물살 거슬러 다시 또 돌을 놓는다

이 시내를 건너면
너를 만날 수 있음이다
너를 만날 그 순간이어야
나도 물처럼 흐를 수 있음이다

징검다리 2

발이 건너갈 수 있게
누군가 놓아둔 돌 참 고맙다
물살이 거칠 때
앞뒤로 선 친구가 버티어 주는 것도 참 고맙다
앞에서 돌아보면 내가 웃어주고
내가 돌아보면 뒤에서 웃어주고
잠깐의 동행이어도 참 고맙다

거의 다 와 가는데, 우리의 길

친구 얼굴같이 맑은 하늘이
우리를 내려다보고 있고
물살 튀기며 빛나는 즐거운 한때

무지개가 자꾸 따라 온다

시장 안의 초가

낮은 곳을 더욱 낮게 하는 자리 초가,
담장을 치고 장독을 묻고
박은 떨어져 마당에 뒹구는
가을 한낮은 빈터
여기 시장에 들어서면
파, 버섯, 배추로 쌓아놓은
초가 같은 할머니
주름이 많이 진 하늘
말간 웃음이 더듬고 있는 바쁜 손길

가을이 돈주머니 안에 쌓일 때
"참 턱이 동그래서 잘 살겠수"
고향 같은 웃음소리
종일토록 서너 번 피어오른다

낮고 따뜻한 초가 위에
작은 어깨 위에

호수에 내리는 비

흔들어도 일렁이다 마는
쏟아부어도 표나지 않는
크고 검은 호수에
비가 옵니다

잠 못 드는 밤의 그리움같이
낯선 곳에서 온 나그네같이
번쩍 쿵쾅대며
하늘을 흔드는 슬픔

빗소리는
자기를 던지며
온몸으로 사랑하는
신음소리입니다

서성이다

좌천역에 꽃이 핀다
패랭이 해당화 데이지
오래된 침목과 표지판 사이로
지나온 역사를 가만히 지키는 낮은 역사
꽃처럼 다시 피는 오랜 그리움으로
오월이면 또 다시 작은 역을 서성인다

땡땡땡땡
조그만 기차가
조그만 역을 지나가면
나무 위 까치가 다시 울고
나무에 기댄 외로운
그림자 하나 흔들린다

머물지 않는 사람들은
아카시아 향 바람에 다 실려 가고

네가 타고 간 작은 기차가
달력 속에서 매년 달려 나오면
멀리 돌아 지친 네가 내릴 것만 같다

반갑게 웃을 수 있을까
눈물부터 날까
달려가 안아줄까
돌아서 눈을 감을까

새벽 좌천역에
또 기차가 들어온다

대문 앞에서

내가 없는 사이 잠깐 다녀갔다는 말에
발을 헛디디니
마당에 물컹하게 밟히는 슬픔

아주 멀리 간 건 아니겠지, 하는 기대는
원래 내 것이 아니었다
언제든 나를 잠깐 찾고는
너는 멀리 떠나갔었다
홍시가 붉게 익어도
위태하게 내버려 둔다
지치지 않고 기다리는 탱탱한 기다림

다시 오렴
아직 백 개도 더 달려있는
달고 붉은 마음

7부

그곳에 가면

줄포생태공원

흔들리는 갈대 위로 붉게 물든 하늘
그 마지막 빛을 환하게 받으며
너는 갈대 사이에서 웃고 있다
아니야, 갈대처럼 보이는 게 억새야
연거푸 아는 체를 하며 소녀처럼 까불거리는데
멀리 소금 마른 빛의 강으로
너는 점점 가까워지고
나에게서 점점 멀어지고…
눈물이 난다
가지 말라고 하고 싶은데
말이 되어 나오지 않고
석양은 점점 더 붉게 타오르고

멀고 먼 갯벌을 뒤로하고
또 눈이 브시다
너는 너무 빛나는 빛 속에
실루엣으로 아른거리고

그리운 고향 바다

갈대밭을 건너오는 파도 소리
숨죽이면 더 거세지는 물결
가슴에서 새어나는 바람 때문이다
희게 날아오르는 놈, 자맥질하는 놈
대낮의 구름들은 바다 위 갈매기가 되고
갈대 사이 구르는 낙엽들은
비옷 입고 잡던 게들, 통 속에서의 몸부림
자갈거리는 돌을 밟으면
발밑에서 조개들 자그락거리는 소리
발에 감겨오는 풀잎들에서는
물결에 쓸리던 미역 냄새가 난다
집 앞 언덕에다 바다를 남겨두고 돌아서면
골목 끝에 망연히 배웅하시던 노모의 긴 그림자
내 여윈 그림자를 덮고 희멀건 낮달은
혼자 병을 앓는다

모항

갯벌에는 아이들 웃음소리
산책길 앞서가는 너도 아이 같다
화사한 들꽃 한 무더기 앞에서
걸음을 멈추고 행복한 너는
너만 따라가는 나를 잊은 듯하다

넓게 펼쳐진 바다 위로 떠오는 배
길게 내리는 햇살을 끌며
어디를 멀리 돌아오는 걸까
쉬지 않고 반짝이는
오랜 바다의 시간 앞에
우리 짧은 시간도 빛나고 있다

아쉬워 마라
잊히지 않을 오늘의 순간
찰칵, 카메라 소리
하나의 영원을 얻는다

간이역

거기 그대로 있더군요
뙤약볕 가리는 나뭇가지 밑에
나를 기다렸을 조그만 의자에
내가 앉아 당신을 기다립니다
당신의 걸음 놓였을 잔디 풀들,
그 사이로 놓인 반듯한 돌들을
하나씩 눈 안에 넣어둡니다

나 때문에 떠나지 못할까
부러 늦게 나갔었지요
혹시 가다가 돌아오거나
기차를 놓쳐 어디 주변에 있을까
나뭇잎 그림자가
치마폭에 새겨지기까지
하냥 앉았습니다

왜목마을

여전한 뜨거움을 삼키고 해는 얼굴을 가리고
비릿하고 짭조름한 바람이
그리움으로 구르는 바닷가
파도가 되어 돌아오면 돌아오면
언제든지 여기 갯바위
그 아래 흔들리는 시간
너도 외롭더냐 나처럼 외롭더냐
왜목이 된 마을 위로 붉어진 구름이 깔리면
기다림은 다시 한번 길게 눕는다

가느다란 나의 두드림에
푸득거리는 바다, 은빛 숭어 한 마리
때로 은밀한 손으로 바다는 생명을 내어준다
기도하는 친구여,
흰 깃발 흔들며 너도 오렴
나처럼 갈 곳 모르거든

경포대에서

어차피 네가 이길 거면
가위바위보는 왜 하냐
질 때까지 해 달라고 떼를 쓰는 너
에이 모르겠다
그냥 네가 '보' 내라
이기면 소원 하나 들어달라고?

—나 절대 잊지 마—

너의 편 손에
내 주먹이 갇힌 날
바람 때문에
너하고 나는
순식간에 가까워졌었다

—너 절대 안 잊어—

대청호 갤러리 카페

스멀스멀 젖어 드는 비
산을 타고 오르는 강 안개
그 사이 우산 속에 나를 향해 웃는 너
흐물흐물 크림이 녹아드는 티라떼 한잔
테이블 아래로
물에 젖은 마룻바닥이 빛나,
음악도 없이 나는 춤을 춘다
하늘하늘 꽃들이 저리 곱게 흔들리니
나도 그래도 될 듯싶다
하늘, 비로 내리고, 강, 안개로 오르는
그 중간지점에서
누가 먼저 다가왔는지 알지 못하게
어깨를 기대앉는 우연한 순간의 하나됨

언젠가처럼 여기,
진짜 우리뿐이야

마량포구

빨간 등대, 노란 등대가 마주한 항으로
중심을 놓친 배들이 견인되어 들어오고 있다
두근두근 배의 엔진소리를 항구는 반긴다
일출과 일몰이 만나는 정겨운 하늘이
언제나처럼 바다 끝에 있어
바다로 난 다리를 올라서면
세상을 등지고
멀리 떠나온 여행자가 된다
너는 빛나고 나는 웃는다
눈물이 동시에 흐른다
행복하고 짧은 우리들의 이야기
일출과 일몰이 공존하는
포구에게 부탁한다
우리들에게 조금만 더
사랑할 시간을 다오

변산 코스모스

무대 체질인 아이돌들이
음악에 몸을 흔들어대듯
불어대는 바닷바람에 몸을 맡기고
난쟁이 코스모스들이 쉬지 않고 흔들어댄다
'거기 살금살금 들어가서
살짝 이쪽을 보며 웃어봐~'
수줍게 꽃 사이로 걸어 들어가서
이쪽을 올려다보는 네 얼굴은
상기되어 꽃같이 흔들리고
꽃 속에서 더 빛나는
숨죽인 네 영상은 떨리고 있다

영원을 품은 하늘과 바다가 배경이 되어
더 아쉽고 돋보이는
순간의 우리

개화예술공원

꽃그늘 드리워진 화사한 사진을 찍다가
문득 시비에 적힌 시를 읽고
어린 날 고향친구 생각납니다
발아래 나무둥치에 인형처럼 앉은 오리는
세월도 사람도 무서워하지 않고
무심한 나무 곁에 평안히 쉬는데
하늘 높은 줄 모르는 조각들을 지나
꽃향 가득한 까페 꽃와플 한 접시
화원에는 필리핀 가수의 우아한 팝송을 타고
꽃만치 많은 사람들의 이야기가 웅성웅성하여
우리들 이야기도 덩달아 신이 납니다
누구든 로맨티스트가 되어
살짝 현실을 떠났다 나오게 되는 마법의 공간

주의, 혼자 가지 마셔요

휴애리休愛里 2월

“혜정아~ 하면서
한 손을 턱에 대고 불러보세요,
머리를 살짝 기울이고”
햇빛에 눈부신 동백 그늘에서
흰 머리 팔순 엄마가
수줍게 웃으신다

“아빠도 옆에 서시고
엄마 어깨에 손,
네~ 좋아요”

임플란트 치료로
움푹 파인 아빠의 볼이
오랜만에 생기를 얻는다
어린 날의 가족 소풍날
소나기 그치고 햇살 비추던 잠시

나뭇잎에서 떨어지는 빗물 사이로
우리들 수박 먹는 모습에 저리도 환히 웃으셨지

“동백, 매화꽃이 여기도 기가 막혀요
이쪽도 한번 봐주셔요~”

“서로 사랑하면 봄날이야”
한숨 같은 엄마의 말,
쉬고 사랑할 시간이
꿈처럼 짧다
봄처럼 짧다
그래도 휴애리 2월은
봄이 한창이다

귀향길

말간 하늘이 더 말개집니다
내가 웃고 있기 때문입니다

돌담에 비집고 뿌리내린 풀잎이
가을 햇살 아래 더 환합니다
내가 오는 걸 기뻐하나 봅니다

심장소리가 쿵쾅대며 커져가는데
도롱도로롱 아기의 코 고는 소리
덜컹대는 버스 속에 정겹습니다

고향 가는 길 울렁대며 치미는 어지럼증은
큰 나무 아래 바람 속에 낮잠 자던
그 어린 날 현기증입니다

오랜만의 고향이 너무 그대로인 기쁨
홀로 웃는 낮달로 반갑습니다

8부

영어로 보는 우리 시

영춘화迎春化

그 작은 것이 핀다고
봄이 오는 것은 아니건만
영춘화 휘어진 곳마다 뿌리내리면
마디마다 뻗어나간
저린 기다림 끝마다 봄이 핀다

산수유, 개나리, 진달래, 이화, 도화, 명자
천지가 반기는 봄이지만
낮은 곳에 엎드린 간절한 가지에
봄은 별꽃으로 먼저 따스하게 나온다

어리고 닮은 마음마다
고마운 바람도 머물다 간다

Winter jasmine

These little thing's blooming
doesn't really bring about Spring,
but as the winter jasmine takes its roots on every bend,
on the tips of benumbed wait
spread from all the nodes, Spring blossoms.

Cornelian cherry flowers, forsythia, azalea, pear blossoms, peach blossom and lagenaria,
even whole world welcomes Spring
but in the low place where branches earnestly lie prone
Spring comes first as little star flowers.

On every young and lucid heart
the grateful breeze also rests.

요이땅

타성에 젖는 일상으로 빛을 잃어갈 때
나는 늘 말했다
다시 하면 잘할 수 있을 거라고

요이땅!

오늘 나는 천사의 음성을 들었다
지나간 일은 모두 지워주겠노라고
이제부터 다시 시작하라고

예스!

A Starting signal

Eclipsed in a rut of routine,
I would say,
I could do well if only I could try again.

A starting signal, bang!

I've heard the voice of an angel today,
promising to erase all of the past
and to permit me to set out anew.

Yes!

숨바꼭질

술래가 되었다
찾은 것 같았는데
보이는 것 같았는데
손 안에 꼭 잡힌 건
내 옷자락뿐.
길 위에는 아무도 없다
머리 위를 짓누르는 침묵의 무게
불타는 태양의 그림자가
빙빙 주변을 돌고 있다

잘도 숨는 아이들
잡히지 않는 욕망들
기대고 눈 감던 벽은 헐리고
어느새 어른이 되었어도
여전히 술래인 나
여전히 숨바꼭질이 싫다

Hide-and-Seek

Once a tagger I was,
I seemed to have sought all,
and to have seen them,
but all that in my tight grasps
are the lower end of my clothes.
No one is on the road,
the weight of silence pressing down my head
and the shadow of burning sun turns
round and round on the surroundings.

The well hidden kids
and unfulfilled desires,
even the wall I leaned was pulled down
I have, in no time, become an adult,
but as a tagger as I was
I still hate hide-and-seek.

꽃보다 더

당신의 입술이 흘린 말씀
네가 꽃보다 더 아름답다 하기에
그 말씀이 나를 깨어나게 하고
내 영혼을 정결하게 하고
다른 이에 관용하기를 쉬지 않게 하고
성실로 일하게 하며,
더 나은 모습을 추구하게 하고,
모든 위치에서 겸손하게 하고
태도에서 긍정적이고
힘든 훈련을 견디게 하고
그리고
아름다움의 씨앗을 싹트게 합니다

따뜻한 눈길 고마워서
보세요, 나 꽃이 되어가요

More than a Flower

The word that thine lips once made,
“You’re more than beautiful than the flower”
awakens me,
cleanses myself soul,
keeps me tolerant of others,
makes me work with faithfulness,
strive to be better,
be humble in every position,
be positive in attitudes,
persevere in hard training,
and spout the seed of beauty.

With gratitude to the gaze of affection,
look, I’m becoming a flower.

수국

수줍은 망울망울 하얗게 피어나
그늘진 곳 화사하게
밝혀 주는 천진함으로

심장병 어린이를 돕자고
이름 없는 가수들이 노래를 부를라치면
그렇게 길가 아무 데서라도
바람을 타며 응원을 해대는 소탈함으로

여름이 익어갈수록
붉고 푸른 물을 들여가며
송이송이 재즈 같은
열정을 뿜어내는 눈부심으로

어쩜 빗속에서도
그렇게 환하게 웃을 수 있니, 너는

A hydrangea

With a perfect naivety,
every shy bud blooms pearly white
and illuminates the shady nook brightly

with open-heartedness,
anywhere on the roadside
rides the wind and cheers on
at nameless singers' song
to help young cardiac patients

with such a dazzle,
as summer ripens
dyes the petals red and blue,
and shows off passion of jazz in clusters

Oh, dear! How can you smile so beamingly
even in the midst of rain?

단풍나무 숲으로

한적한 가을 푸른 화폭에
단풍으로 그려진 낙서를
바람이 자꾸 지우면
숲을 지키는 새는
지금이 좋으니 그만두라고 잔소리하고
발밑에 바스러지는 잎들은
저도 개울물 따라가고 싶다고 칭얼대고
나는 왠지 마음이 아려와 느리게 걷다가
너의 부르는 소리에
화들짝 너를 따라잡는다

그 어느 잎보다 환한 미소
단풍나무 아래 서로를 보며
우리는 기쁘다

무릎을 베고 누우면 반짝이는 잎 사이로
수천의 하늘이 열리고

연못의 물빛에 이미 몸을 적신
빨간 몇 잎, 그 잎 밀고 다니는
단풍물고기 몇 마리
잔물결을 일으킨다

숲이 붉어진 하늘을 부여잡고
단풍 연못에 뛰어내리면
단풍같이 붉어진 우리도
마침내 길어진 그림자로 하나가 된다

압도된 아름다움 속
아득한 안도감이
파스슷 켜진 둥근 가로등으로 걸린다

Into the Maple Forest

As the wind wipes repeatedly
the doodles of autumn leaves
on a quiet autumn blue canvas,
the bird guarding the forest nags
to stop for it's good to see,
the leaves, crumbled under the feet,
whine that they want to follow the stream,
and I walked slowly as my heart aches
for some unknown reason, at your calling,
startled, I catch up with you soon.

With the brighter smile than any other leaf,
gazing at each other under the maple tree,
we are delighted.

Lying on your laps, through the shining leaves,
thousands of skies open,

A few red leaves
already soaked in the light of pond water
and some maple fish scooting them along
generate the little ripples.

As the forest grabs the blushed sky
and jumps into the foliage pond,
we who flushed up like the autumn leaves
become one in a long shadow at last.

In an overwhelming beauty,
the tranquil feeling of relief is hung on
the round street lamp just turned on with a bzzt.

아들 녀석

그럼, 꼭 잡고 있을게
페달에서 발만 떼지 않음 된단다
뒤돌아보면 안 돼
앞으로만 나가야지
겁먹을 필요가 없어
바퀴 두 개가 굴러가는 한,
헉헉헉
숨이 턱까지 찬다

잡았다고 하면서 놓아버리던 손,
그 짧은 배신감 속에
잘도 굴러가는 바퀴의 두려움,
넘어지면서 그렇게
인생을 배운다던 가르침,
그런 게 나는 싫었거든

조금 더디게
조금씩만 배우더라도
너에게 믿음을 먼저 줄게

때로는 홀로 서는 용기가 필요하겠지만
굳이 내 손을 떼지 않아도 좋다면
끝까지 꼭 잡아줄 거야

피이, 그런데 너는
금세 배우고 마는구나

My son

Certainly, I'll hold it firmly!
Keep in mind not to take your feet off the pedals,
nor to look back.
Just you go straight ahead,
no need to be afraid
as long as the two wheels are rolling.
Gasping for air,
I have no breath left.

Hands that let it go while saying they hold it,
having a dread of the well-rolling wheels
with a momentary sense of betrayal,
I never liked the teaching
that we learn to live life
as we fall down.

A little slowly,
even if you could learn little by little,
I want to give you trust first.

Sometimes you need the courage to stand alone,
but unless you insist that I release my grip
I'll hold on tight till the end.

Oh, look at you,
you've learned too quickly.

고랭지를 찾아서

'산비탈, 소가 끄는 쟁깃날 하나는
돌을 피할 수 있지만
다섯 날 트랙터는 돌이 끼면 나아갈 수 없지'
웃는 농부의 이가 희다
눈 껌벅이는 소를 옆에 두고
아기도 손가락을 빨다 웃으며
낯선 나그네의 품에 안겨온다
수숫잎에 싼 옥수수떡은
붉은색이 든 한 입 크기의 고랭지 밥상
배춧잎에 감자를 갈아 얹은 부침개 성찬
할머니의 웃음은 수줍다

'이게 무슨 맛이고', 손녀의 타박에
곤드레 범벅이 미안해지는 속에도
'더 드이소', 한국인의 인정

하늘만 한 평안이 쪽마루에 든다

Finding a highland

'On a steep slope, a plowshare
pulled by a cattle can avoid the stone,
but five-bladed tractor with a stone can not go for
ward.'
White are the teeth of the laughing farmer
with a cow blinking by his side,
a baby smiles while sucking his fingers
and nestles in the arms of unfamiliar wanderer.
A steamed corn cake wrapped in a millet leaf,
is dyed red, a bite-sized highland's dinner,
serving a pancake banquet
of leaf of cabbage topped with grated potatoes
the old woman smiles coyly.

'What is this taste?'
young granddaughter's grumbling

makes her feel sorry
for the seasoned Korean thistle with rice,
'Have some more',
the usual Korean affection!

The peace as wide as the sky
pours into the narrow wooden veranda.

✎ 발문

긍휼의 눈빛으로 그린 언어의 그림

인연의 홀씨 양평 산골에 내린 지 20년 세월, 청산별곡만 부르며 살려고 했지만 인간의 욕심 때문에 하루하루 죄짓고 살고 있습니다.

귀촌 초기에는 풀들과 전쟁을 했지만 20년 인연의 김은경 시인의 시를 읽을 때마다 그녀의 기독교 신앙에서 우러나는 긍휼의 마음을 배우며 풀과의 전쟁을 끝내고 참회의 삶을 살고 있습니다.

풍찬노숙風餐露宿이지만 잘 자고 일어나 밤새 오그라진 관절을 펴는 잡초들의 목을 비튼 적이 없었고 제 발길이 스칠 때마다 눈길을 피하며 살려달라고 기도하던 풀들이 하루를 용케 견뎠다고 어둠 속으로 몸을 숨길 때도 살아있음에 감사하는 그들의 기도를 외면하지 않았습니다.

하지만 어쩔 수 없이 예초기를 뽑아들어야 할 때도, 다음 생엔 잡초라는 노비 문서를 버리고 장미나 백합으로 환생하라고 기도했습니다.

생선 한 마리 사올 때도 길고양이들을 위해 머리를 챙겨왔고, 가시에 붙은 살도 알뜰하게 발라먹지 않고 녀석들과 나누려고 했습니다.

일주일 전쯤, 등갈비를 구워 먹었습니다. 고기 맛에 홀려 뼈만 남기고 다 먹어버렸습니다. 그날 밤 아기 고양이 세 녀석이 발소리를 죽이고 찾아와 제가 버린 뼈를 핥고 있었습니다. 다음부터는 절대로 고기 맛에 홀리지 않고 녀석들과 나누어 먹겠다고 뉘우쳤습니다.

죄짓고 참회하면서 깊어진 것은 긍휼이었습니다. 하지만 저의 긍휼이 녀석들을 어여삐 바라보는 제 자비심 때문만은 아니었습니다. 전화마저 없었다면 온종일 말 한마디 나눌 수가 없는 산골에서 제 외로움을 알고 하루에도 몇 번씩 찾아주는 녀석들의 긍휼심이 오히려 저를 깨우쳐주었습니다. 그리고 20년 세월 문학의 길을 함께 걸어온 김은경 시인의 시도 독자의 한 사람인 저로 하여금 회개의 삶을 살게 해주었습니다.

김은경 시인의 시에 흐르는 서정은 기독교 신앙에서 오는 감사와 겸손, 사랑과 긍휼의 마음입니다. 따라서 김은경 시인의 시를 읽는 독자들은 제가 그랬듯이 평안함과 감사함을 얻게 되리라 생각합니다.

김은경 시인의 시를 읽을 때마다 김춘수 시인의 「꽃」과 「의자」라는 시로 독자들에게 널리 사랑을 받고 있는 이정록 시인의 시가 오버랩 되었습니다.

"내가 그의 이름을 불러주기 전에는 / 그는 다만/하나의 몸짓에 지나지 않았다 / 내가 그의 이름을 불러주었을 때 / 그는 나에게로 와서 / 꽃이 되었다"

—김춘수 시 「꽃」 부분

자연에 무수히 널린 꽃 중에서 김춘수 시인의 시가 된 '꽃'도 생명을 사랑하고 긍휼히 여김에서 나왔습니다. 만약 김춘수 시인에게 긍휼히 여김이 없었다면 그 꽃도 여느 꽃들처럼 자연의 질서에 따라 피었다 지는 그냥 꽃이었을 뿐이기 때문입니다.

"싸우지 말고 살아라 / 결혼하고 애 낳고 사는 게 별거냐 / 그늘 좋고 풍경 좋은 데다가 / 의자 몇 개 내놓는 거여"

—이정록 시 「의자」 부분

이정록 시인이 「의자」라는 시를 통해 누군가에게 쉴 수 있는 의자를 내어주는 것은 마음에서 건져 올린 여유와 배려, 피곤한 나그네를 위한 긍휼의 마음입니다.

김은경 시인은 지천으로 널린 작은 생명들과 소중한 인연들, 지나가는 나그네까지 가슴에 품고 키우는 긍휼의 마음으로 태교하듯 시를 써 내려갑니다. 그래서 김춘수의 '꽃'과 이정록의 '의자'처럼 독자들에게 감동과 위로를 전하고 있는 것입니다. 이제 김은경 시인의 기독교 신앙과 긍휼의 마음이 담긴 시 두 편을 보며 감동과 깨우침 속으로 깊이 들어가 보려고 합니다.

내가 나를 그립니다
눈 하나
귀 하나
팔 하나
다리 하나
내 그림은 늘 반쪽입니다

당신이라는 거울을 통해서
하나가 되고 싶은 까닭입니다

―「자화상」 전문

노란 잎 가득 떨어진 평상 위
얼굴 작은 고양이 한 마리
따스한 빛 속에 털을 다듬고 있다
햇살이 폴폴 일어나며
환하게 떨어진다
숨죽이던 별의 밤들을 지나
이제야 찾은 작은 안식이
초롱한 눈망울에 어려 있다
적적한 산장을 다 내어주마
아무 데도 가지 말고
거기 햇살 따스한 평상에서
그렇게 늘 놀다가렴

―「가을 한낮」 부분

작은 고양이 한 마리에게도 햇살 따스한 평상을 마련해주고 놀다 가게 하려는 김은경 시인의 긍휼의 마음은 독자들로 하여금 사랑의 눈빛이 얼마나 소중한가를 깊이 심어주고 실천하게 하는데 밀알이 되리라 생각합니다.

"내 그림은 늘 반쪽입니다/ 당신이라는 거울을 통해서/ 하나가 되고 싶은 까닭입니다"

이 시를 읽으며 독자들은 사랑하며 살면서도 더욱 깊이 사랑해야 하는 까닭을 느낄 수 있습니다. 보고 있어도 보고 싶다는 말처럼, 거울 속에 있는 자신을 당신을 통해 비추며 동질을 이루고 하나 되기를 갈망하는 마음은 사랑해 본 사람이라면 공감할 수 있는 것입니다.

독자들은 김은경 시인의 시에서 사랑하는 마음은 하나님을 향한 사모함과 겸허함에서 비롯됨을 깊이 깨닫고 이웃들은 물론 자연에게도 사랑의 눈길을 돌릴 것입니다. 그리하여 깊어가는 만추晩秋에 마음속에 깊이 감추어진 원고지를 꺼내 하나님이 인간에게 베푸신 사랑을 시로 쓰리라 믿으며 김은경 시인의 시업詩業에 응원을 보냅니다.

독자들로 하여금 소중한 것에 대한 사랑과 깨우침을 배우게 하는 것은 시의 순기능입니다. 그렇다면 김은경 시인의 시들은 하나님이 주신 고귀한 선물입니다.

다음 시집을 기대합니다.

양재일(시인)